Inhalt

Verändertes Endorsement-Verfahren - Inhalt und Auswirkungen

Kernthesen

Beitrag

Fallbeispiele

Weiterführende Literatur

Impressum

Verändertes Endorsement-Verfahren - Inhalt und Auswirkungen

A. Kaindl

Kernthesen

- Im April 2008 wurde eine überarbeitete Fassung der IAS-Verordnung aus dem Jahr 2002 veröffentlicht.
- Die Neufassung der IAS-Verordnung führt zu einem veränderten Anerkennungsverfahren für neue IFRS durch die EU.
- Die Rechte des Europäischen Parlaments im Übernahmeprozess (Endorsement) wurden erweitert.

- Das EU-Parlament hat nun die Möglichkeit, vorgelegte IFRS inhaltlich zu beeinflussen oder abzulehnen.

Beitrag

Im Endorsement-Verfahren hatte das Europäische Parlament bisher lediglich das Recht, der Europäischen Kommission beratend zur Seite zu stehen. Die Erweiterung der Rechte des Europäischen Parlaments wird zu einer Verlängerung des Endorsement-Prozesses führen und bringt zusätzliche Unsicherheit für die bilanzierenden Unternehmen bezüglich des Zeitpunktes der Übernahme neuer IFRS.

Notwendigkeit eines Endorsement-Verfahrens

Gemäß der IAS-Verordnung werden die vom International Accounting Standards Board (IASB) verabschiedeten Standards und Interpretationen sowie deren Änderungen nur dann europäisches Recht, wenn diese zuvor in einem legislativen Verfahren auf EU-Ebene übernommen wurden. Dieses Übernahmeverfahren wird als "Endorsement-"

oder "Komitologie"-Verfahren bezeichnet. Dieses Verfahren wurde im April 2008 geändert um eine stärkere Einbindung des Europäischen Parlaments zu gewährleisten. (1)

Das geänderte Endorsement-Verfahren ist komplexer als das bisherige und wird voraussichtlich mehr Zeit in Anspruch nehmen. Des weiteren wird die Einschätzung, ob und wann es zu einer Übernahme eines vom IASB verabschiedeten Standards in europäisches Recht kommt erschwert, da zukünftig mehr Institutionen an dem Verfahren beteiligt sind. (1)

Endorsement und IAS-Verordnung

Die IAS-Verordnung stellt den Basisrechtsakt für die Übernahme der IFRS dar. Die IAS-Verordnung listet die Beurteilungskriterien auf, die die Europäische Kommission bei der Übernahme einzelner IFRS-Normen heranziehen muss. Des Weiteren beschreibt die IAS-Verordnung verschiedene Verfahren im Rahmen des Endorsement-Prozesses. Diese Verfahren unterscheiden sich durch die Mitwirkungsmöglichkeiten des jeweils eingebundenen Fachausschusses. Bisher kam das sog.

Regelungsverfahren zur Anwendung. Der dabei mitwirkende Fachausschuss war der Regelungsausschuss für Rechnungslegung (Accounting Regulatory Committee, ARC). (1)

Mit der Veröffentlichung im Amtsblatt der EU wurde im April 2008 ein weiteres Verfahren eingeführt, das sog. Regelungsverfahren mit Kontrolle. Die Übernahme von IFRS in europäisches Recht erfolgt künftig ausschließlich gemäß diesem Verfahren. Dieses neue Verfahren erweitert nicht nur erheblich die Mitwirkungsrechte des Europäischen Parlaments, sondern enthält auch weitere Beurteilungskriterien, die die Europäische Kommission bei der Übernahme von neuen IFRS-Normen zu beachten hat. Diese neuen Beurteilungskriterien ergänzen gewissermaßen die bisher schon geltenden Beurteilungskriterien. (1)

Das Endorsement-Verfahren

Das Endorsement-Verfahren beginnt mit der Verabschiedung einer neuen IFRS-Norm durch das IASB. Die Europäische Kommission fordert dann von der European Financial Reporting Advisory Group (EFRAG) eine Übernahmeempfehlung (Endorsement Advice) an. Nachdem die Übernahmeempfehlung seitens EFRAG vorliegt, schaltet sich ein weiteres

Gremium in den Prozess ein, die Standards Advice Review Group (SARG). Die SARG gibt eine Stellungnahme an die Europäische Kommission ab, ob die Übernahmeempfehlung "objektiv und ausgewogen" ist. Im Anschluss daran erarbeitet die Europäische Kommission einen Übernahmevorschlag. Dabei ist diese nicht an die Übernahmeempfehlung der EFRAG gebunden. (1)

Anschließend ist der Übernahmevorschlag dem ARC vorzulegen. Stimmt das ARC dem Übernahmeentwurf der Europäischen Kommission zu, so ist dieser dem Europäischen Parlament und dem Rat der EU vorzulegen. (1)

Bisher konnte das EU-Parlament in einer begründeten Entschließung erklären, dass die Übernahme einer neuen IFRS-Norm über die im Basisrechtsakt vorgesehenen Durchführungsbefugnisse hinausgeht. Die Europäische Kommission musste daraufhin den Entwurf noch einmal prüfen. Allerdings konnte die Entschließung des Europäischen Parlaments die Europäische Kommission nicht daran hindern, den Übernahmevorschlag weiter zu verfolgen. (1)

Wesentliche Änderungen des

Endorsement-Verfahrens

Künftig muss eine planmäßige Abstimmung zwischen Europäischem Parlament und dem Rat der EU erfolgen.

Die Überwachungsrechte des Parlaments und des Rates wurden signifikant erweitert. Beide dürfen Übernahmevorschläge der Europäischen Kommission in nachfolgend aufgelisteten Fällen ablehnen (neu eingeführte Beurteilungskriterien):

Der Vorschlag der Kommission geht über die im Basisrechtsakt vorgesehen Durchführungsbefugnisse hinaus.

Der Vorschlag ist nicht mit der Zielsetzung der IAS-Verordnung vereinbar.

Der Vorschlag missachtet die Grundsätze der Subsidiarität und/oder der Verhältnismäßigkeit.

Diese neu eingeführten Beurteilungsgründe stellen eine erhebliche Ausweitung der potenziellen Ablehnungsgründe für die Übernahme einer IFRS-Norm dar.

Liegt innerhalb von drei Monaten keine Ablehnung durch das Europäische Parlament oder dem Rat vor, so schreitet das Endorsement-Verfahren voran und die neue IFRS-Norm wird in europäisches Recht übernommen. Lehnt dagegen innerhalb von drei Monaten der Rat oder das EU-Parlament den Vorschlag ab, so übernimmt die Europäische Kommission den neuen Rechnungslegungsstandard nicht. (3)

Mögliche Folgen des geänderten Endorsement-Verfahrens

Das beschriebene neue Endorsement-Verfahren führt für die europäischen IFRS-Anwender in zweierlei Hinsicht zur Verschärfung bereits bestehender Probleme:

Zum einen kommt es zu einer deutlichen Verlängerung des Endorsement-Verfahrens.

Zum anderen nimmt mit der Erweiterung der beteiligten europäischen Institutionen die Wahrscheinlichkeit von Abweichungen oder einer vollständigen Ablehnung neuer IFRS-Reglungen zu. Für die Anwender in Europa gewinnt damit die Möglichkeit, dass am Abschlussstichtag die in EU-Recht übernommenen IFRS ("EU-IFRS") von den vom IASB verabschiedeten IFRS ("full IFRS") abweichen, erheblich an Praxisrelevanz und wirft zahlreiche rechtliche Fragestellungen auf. (2)

Bspw. hat die SEC (U.S. Securities and Exchange Commission) im Dezember 2007 auf die Notwendigkeit einer Überleitungsrechnung des IFRS-Abschlusses auf US-GAAP verzichtet. Dies stellt für Unternehmen in Europa, die in den USA notiert sind, eine deutliche Erleichterung und Kosteneinsparung dar, allerdings nur solange es zwischen den EU-IFRS und den "full IFRS" keine Unterschiede gibt. Kommt es zu deutlichen Abweichungen der EU-IFRS von den "full IFRS", hätte dies nicht nur erhebliche Nachteile für europäische IFRS-Anwender mit US-Listing zur Folge, sondern würde die Verständlichkeit und Akzeptanz aller europäischer Konzernabschlüsse für internationale Investoren gefährden. (2)

Fallbeispiele

Hat das IASB einen neuen IFRS verabschiedet oder einen IFRS überarbeitet, ist dieser erst nach Übernahme in EU-Recht verpflichtend anzuwenden. Durch die zukünftige längere Dauer des Endorsement-Verfahrens erhält die Frage einer vorzeitigen freiwilligen Anwendung eines noch nicht übernommenen IFRS zunehmende Praxisrelevanz. Prominentestes Beispiel dafür ist IFRS 8 "Geschäftssegmente" der nach Vorbild der US-GAAP den IAS 14 "Segmentberichterstattung" ablöste. Der IFRS 8 wurde am 30.11.2006 vom IASB verabschiedet und erst am 21.11.2007 in EU-Recht übernommen. Der Übernahmezeitraum für IFRS 8 von ca. einem Jahr stellt aber trotz des zu diesem Zeitpunkt anzuwendenden einfacheren Endorsement-Verfahrens keineswegs einen Einzelfall dar. Im Fall des IFRS 8 bestand für bisherige Anwender der US-amerikanischen Rechnungslegungsvorschriften US-GAAP besondere Dringlichkeit bei der Übernahme in EU-Recht. Trotz Verabschiedung des weitgehend deckungsgleichen neuen IFRS, hätten diese Unternehmen ab dem Geschäftsjahr 2007 ihre Segmentberichte auf den materiell abweichenden IAS 14 umstellen müssen. IFRS 8 entsprach dagegen weitgehend ihrer bisherigen Segmentberichterstattung nach US-GAAP. Deshalb wendeten die Deutsche Bank und Siemens IFRS 8 bereits auf ihre Quartalsabschlüsse für das 1. und 2. Quartal 2007 freiwillig an; DaimlerChrysler tat dies explizit für den Halbjahresbericht 2007. (2)

Weiterführende Literatur

(1) Anwendung der IFRS in Europa: Das neue Endorsement-Verfahren
aus Kapitalmarktorientierte Rechnungslegung, Heft 5 vom 5.5.2008, Seite 334 -

(2) Anwendung der IFRS in Europa: Die Auswirkungen des neuen Endorsement-Verfahrens auf die Rechnungslegung
aus Kapitalmarktorientierte Rechnungslegung, Heft 6 vom 2.6.2008, Seite 373 -

(3) Reform des Komitologieverfahrens durch Änderung der IAS-Verordnung verabschiedet
aus Kapitalmarktorientierte Rechnungslegung, Heft 4 vom 7.4.2008, Seite 282

Impressum

Verändertes Endorsement-Verfahren - Inhalt und Auswirkungen

Bibliografische Information der deutschen Nationalbibliothek

Die Deutsche Nationalbibliothek verzeichnet diese Publikation in der deutschen Nationalbibliografie; detaillierte bibliografische Daten sind im Internet über http://dnb.d-nb.de abrufbar.

ISBN: 978-3-7379-1366-9

© 2015 GBI-Genios Deutsche Wirtschaftsdatenbank GmbH, Freischützstraße 96, 81927 München, www.genios.de

Alle Rechte vorbehalten. Dieses Werk ist einschließlich aller seiner Teile – z.B. Texte, Tabellen und Grafiken - urheberrechtlich geschützt. Jede Verwertung außerhalb der Grenzen des Urheberrechtsgesetzes bedarf der vorherigen Zustimmung des Verlags. Dies gilt insbesondere auch für auszugsweise Nachdrucke, fotomechanische

Vervielfältigungen (Fotokopie/Mikroskopie), Übersetzungen, Auswertungen durch Datenbanken oder ähnliche Einrichtungen und die Einspeicherung und Verarbeitung in elektronischen Systemen.